# おばあちゃんの精進ごはん

iori 曉美と五月

# 精進料理

その昔、修行僧たちの心と体を支えてきた健康的な料理です。
精進とは一生懸命に努力をすること、
肉食を避けて菜食をすること、
また仏に仕えるため心身を清めることです。
殺生を嫌い、慈悲の心を大切にする仏教の教えと共に、
精進料理も日本に伝わってきたと考えられます。
肉類、魚介類、五葷(ねぎ、にら、にんにく、あさつき、らっきょう)、
酒は使わず野菜をはじめ豆類、穀類、海藻など自然からの恵みを
大切にいただき、
だしも昆布、椎茸など植物性のものに限ります。
近頃は果粒や粉末も出回っていますので、普段使いには便利です。
お野菜の茹で汁や野菜の戻し汁も、
ビックリするくらいおいしいだしが出ますので、ぜひ試してみてください。
五味(苦い、甘い、辛い、酸っぱい、塩っぱい)、
五色(白、赤、黄、黒、青)という考え方もありますので、
知っていると困った時、迷った時、おもてなしの時に参考になります。
この本では、私たちが日々食している簡単に作れて
おいしい精進のごはんを紹介しています。
まずは、楽しく作って食べましょう!

iori　曉美と五月

# － 目 次 －

002　精進料理

## 朝ごはん

008　けんちん汁
010　土鍋でごはんを炊く
012　朝ごはんセット
　　　白米ごはん
　　　蓮根のキンピラ
　　　トマトとへちまとなすのみそ汁
　　　キュウリの即席漬けもの
014　干し野菜のスープ
016　キャベツチーズ
017　じゃがいもチーズ
018　アボカドの和風サラダ
020　野菜マリネセット
　　　雑穀ごはん
　　　野菜マリネ
　　　若芽としょうがのスープ
024　モロヘイヤの豆乳スープ

## ごはんの友と保存食

028　なめたけ
029　ピクルス／海苔の佃煮
031　生姜漬け
033　ゴーヤ&レモン／椎茸昆布
032　ごぼうみそ
033　キムチの素
034　人参のはっぱのふりかけ
034　ひじきのふりかけ

## 昼ごはん

038　バターしょう油パスタ
040　冷製とまとパスタ
042　しょう油ラーメン
044　さつまいものかき揚げ
046　豆腐でつくるカキフライ
048　アボカド丼
050　素揚げ丼
052　蒲焼き丼
054　柿の豆腐ソース
055　なすみそノンオイル

## 畑でごはん

- 058 巻き寿し
- 062 桜いなり
- 064 そぼろのお弁当
- 066 ランチパーティー
  - おばあちゃんのちらし寿し
  - おからボール
  - スティックサラダ ソイディップ添え
  - フレッシュミントティー
  - 白玉小豆のココナッツミルク添え

## 晩ごはん

- 076 きのこの炊き込みごはん
  - 雲片汁
  - かぼちゃの蒸しもの
  - ひよこ豆と切り干し大根のごまびたし
  - 小松菜のからし和え
- 080 たけのこごはん
  - ごぼうのメンチ
  - もずくのスープ
  - ピーマンのごま和え
  - 大根の甘酢漬け
- 082 お麩じゃが
- 084 季節のがんも
- 088 車麩のアーモンドフライ
- 090 精進えびちり
- 092 なすの揚げびたし
- 094 揚げ出し豆腐のみぞれがけ

## みんなが集まる日のごはん

- 098 ベジフィッシュバーガー
- 100 ロールサラダ
- 101 乾燥グルテンでおいしく作るからあげ
- 102 手作りジンジャエール
- 102 豆腐のくちゅくちゅ和え
- 103 バーベキューベジ
- 104 ソイ.ナッツ.バー
- 106 にぎり寿司
- 109 ライスケーキ

## お正月

- 112 伊達巻き
- 114 七色なます
- 115 錦たまご
- 116 昆布巻き
- 117 松風焼き
- 118 ごぼうの田作り
- 119 信田巻き
- 120 筑前煮
- 122 雑煮

- 124 調味料

# 朝ごはん

今日一日のはじまりです
元気な野菜に
感謝して

いってらっしゃい！

# けんちん汁

[材　料　4人分]

| | | | |
|---|---|---|---|
| さといも | 2〜3個 | 大根 | 2〜3cm |
| 豆腐 | ½丁 | しょう油 | 大さじ2 |
| 油揚げ | ½〜1枚 | てんさい糖 | 少々 |
| 人参 | ⅓本 | 昆布だし | 小さじ1 |
| ごぼう | ½本 | 塩 | 少々 |
| こんにゃく | ⅓枚 | 水 | 4カップ |

[作り方]

1) 鍋にカップ4杯の水を入れ、好みの型に切ったさといも、人参、ごぼう、こんにゃく（塩もみしてアクを抜く）、大根を入れ火にかける。目安は5分位

2) 調味料を入れ、てんさい糖が溶けたら味見をして好みの味に調整する

3) ごぼうに火が通ったら、豆腐・油揚げを入れ、豆腐が浮いてきたら出来上がり

お店に行くと選ぶのに困るくらい豆腐が並んでいます
豆腐を使う機会が多い精進料理です
価格は少し高くなりますが水分の少い濃いものを
使うと、水切がいらなくなったり、30分位で済んだりと
扱いが簡単になります。
もちろん 味も出来栄えもいいですよ。

土鍋で
ごはんを炊く（米2合）

［炊き方］
1) 米を洗う

2) 水は2合（米と同量）+大さじ4を入れ15分くらいそのまま置く

3) 中火の弱で火にかける

4) ブクブクしてきたら弱火にして10分、火を止めて10分待てばできあがり

① 米は研ぐというよりさっと洗う
　特に無農薬で育った米はやさしく
　ゆすぐ程度にしましょう

② 2～3回繰り返す

③ この位の水かげん

④ カセットコンロでもおいしく炊けます
　もし失敗しても、チャーハンやおじ
　やなどにすれば大丈夫！

# 蓮根のキンピラ

［材　料　2人分］
蓮根　　　　　5ｃｍ（太さは中くらい）　　植物油　　　小さじ1
てんさい糖　　大さじ1.5　　　　　　　　　ごま油　　　小さじ1
しょう油　　　大さじ1.5


［作り方］
1）蓮根は縦2つに切ってから薄切りにする

2）フライパンに植物油を熱し、①を入れて炒め、弱火にして
　　てんさい糖、しょう油を入れからめる

3）火を止めてからごま油を全体にまわす

# トマトとへちまとなすのみそ汁

［材　料　2人分］

| | | | |
|---|---|---|---|
| トマト | 1個 | 昆布だし | 少々 |
| なす | 1本 | 味噌 | 大さじ2 |
| へちま(冬瓜でも可) 10cmくらい | | 水 | お椀2杯分 |

［作り方］

1）トマトを湯むきし、1.5cmくらいの角切りにする

2）なす、へちまは1cmくらいの輪切りにし、切り口をフライパンで焼く

3）鍋にお椀2杯の水と昆布だしを入れ、なすとへちまを入れる

4）柔らかくなったら火を止め、味噌を溶き入れる

5）①のトマトを加えてできあがり


# きゅうりの即席つけもの

［材　料　2人分］

| | |
|---|---|
| きゅうり | ½本 |
| 塩 | 小さじ1 |

［作り方］

1）きゅうりを乱切りにして塩をふる

2）15分くらいで水が出てきたら軽く絞る

この歯切れの良さがうれしい

天気が良く、湿度の少ない日に
干し野菜を作ります。
人参、大根、キャベツ、青菜など…
使い残しの野菜を天日に干すだけ。
きのこを干したものなどは味がよく出ます。

# 干し野菜のスープ

［材　料　2人分］
干し野菜　　　適量
水　　　　　　2カップ
昆布だし　　　少々
塩　　　　　　少々

［作り方］
1）すべての材料を1cm角くらいに切り、カップ2杯分の水で具が柔らかくなるまで煮る

2）昆布だしと塩で味を整える

# キャベツチーズ

［材　料　4人分］

| | | |
|---|---|---|
| キャベツ | ½〜⅓個 | オリーブ油またはバター |
| シュレッドチーズ | ひとつかみくらい | 大さじ2〜3 |
| 塩 | 少々 | クッキングペーパー |
| コショウ | 少々 | |

［作り方］

1） キャベツは1〜1.5cmの角切りにし、オリーブ油またはバターでよく炒め、塩・コショウで味をつける

2） クッキングペーパーを敷いたフライパンに移し、シュレッドチーズをのせフタをしてチーズがトロリとしたらできあがり

3） クッキングペーパーごと取り出し、皿にのせる

# じゃがいもチーズ

［材　料　4人分］
じゃがいも(中)　　5〜6個　　　　パセリ　　　　　少々
シュレッドチーズ　ひとつかみくらい　オリーブ油またはバター
塩　　　　　　　　少々　　　　　　　　　　　　　大さじ2〜3
コショウ　　　　　少々　　　　　　クッキングペーパー

［作り方］
1）じゃがいもの皮をむき、薄めにスライスし、オリーブ油またはバターを溶かしたフライパンで炒め、塩・コショウをふる

2）8分くらい火を通したら、クッキングペーパーを敷いたフライパンにじゃがいもを均等に並べシュレッドチーズをのせ、フタをして弱火でチーズがトロリとするまで待つ

3）クッキングペーパーごとフライパンから皿に移し、みじん切りにしたパセリを散らす

# アボカドの和風サラダ

［材　料　2人分］
アボカド　　　　1個
ミニトマト　　　5〜6個
みょうが　　　　3〜4個
大葉　　　　　　5枚
わさび　　　　　小さじ½
しょう油　　　　大さじ1
塩　　　　　　　少々
オリーブ油　　　大さじ1

［作り方］
1）アボカドを一口大に切り、わさびを溶いたしょう油で和える

2）ミニトマトを2つに切る

3）みょうがと大葉は千切りにする

4）①、②、みょうが、塩、オリーブ油でさっと和え器に盛り、大葉の千切りを飾る

最近はスタンダードになったアボカドですが
選び方がむずかしいですね
回転の良い店を見つけるのも ひとつの方法です
固かった時はバター焼きにして、しょう油をかけても
おいしいですよ。

# 野菜マリネセット

## 雑穀入りごはんを鍋で炊く

[材料　茶碗4杯分]
白米　　　　3合
雑穀　　　　大さじ3
水　　　　　3合+大さじ3

[炊き方]
1）洗った白米と雑穀、水を鍋に入れ30分待つ

2）中火にかけてブクブクしてきたら、ごく弱火にして10分、火を止めて
　　10分でできあがり

〈メモ〉
　　雑穀の量はお好みですが、白米1合に対し大さじ1が目安です
　　洗う時は茶こしを使って下さい


## 若芽としょうがのスープ

[材料　2人分]
ワカメ　　適宜　　　　　塩　　　　小さじ½
生姜　　　½かけ　　　　しょう油　少々
昆布だし　少々　　　　　水　　　　カップ2杯

[作り方]
1）スープカップ2杯の水を入れ、ワカメを入れ火にかける
2）昆布だし・塩・しょう油で味をつけ、煮立ったら火を止める
3）器に入れ、針生姜を飾る

# 野菜のマリネ

[材　料　2人分]
さつまいも、大根、長芋、ごぼう、
パプリカ、ピーマン、エリンギ
　　　　　　　それぞれ1〜2切
すし酢　　　　大さじ2〜3
しょう油　　　少々
植物油　　　　適量

[作り方]
1）野菜は洗ってから水分を拭き取り、好みの大きさに切り油で揚げる

2）すし酢と醤油を合わせ①にかける

# モロヘイヤの豆乳スープ

［材料　2人分］
モロヘイヤ　½束　　　塩　　　少々
豆乳　　　200cc　　　コショウ　少々
水　　　　 50cc

［作り方］
1）モロヘイヤをみじん切りにし、水50ccを入れた鍋で煮立たせる

2）弱火にして豆乳を入れ、塩・コショウで味を整える

3）煮立つ前に火を止め、できあがり

4）好みでバーミックスなどでトロトロに

# ごはんの友と保存食

空ビンに入れ、並べて
たのしむのもいいですね
だしを取って捨てていた
昆布や椎茸
野菜の切れ端
色が変ってしまった焼き海苔
買いすぎてしまったえのき
‥‥‥
さあ 出番ですよ

# なめたけ

［材　料　3〜4人分］
えのき茸　1束　　　　　しょう油　大さじ2
てんさい糖　大さじ2　　塩　少々

［作り方］
1) えのき茸は石づきを取り、3つに切ってよくほぐし、てんさい糖・しょう油・塩を入れ弱火にかける

2) 軽く混ぜると水分が出てくるので、ひと煮立ちさせ、冷めたら保存容器に入れ冷蔵庫へ

〈メモ〉
ご飯はもちろん、パスタや豆腐にのせたり、納豆に混ぜたりして食べてみてください

## ピクルス

［材料　3〜4人分］
人参　　　　　適量
大根　　　　　適量
すし酢　　　　適量

［作り方］
1) 人参と大根を好みの大きさに切りビンに詰める

2) かぶるくらいにすし酢を入れ、1日もすればおいしくなります

〈メモ〉
　好みで純米酢、黒酢とすし酢を1：1で使っても、甘みは少なくすっきりとした味になります。

## 海苔の佃煮

［材料　3〜4人分］
※海苔1枚に対して
てんさい糖　　大さじ1
しょう油　　　大さじ1
水　　　　　　大さじ1

［作り方］
1) 材料、調味力を鍋に入れ煮るだけ、箸でかき混ぜトロトロになったらできあがり

〈メモ〉
　変色してしまったり、湿気ってしまった海苔が復活します

# 生姜漬け

[材　料　3〜4人分]
生姜　　　　適量
すし酢　　　適量
てんさい糖　適量


[作り方]
1) 生姜を薄くスライスし、ビンに詰める

2) かぶるくらいにすし酢とてんさい糖を入れ4〜5日すれば
　　生姜の甘酢漬けの出来上がり

〈メモ〉
　　お寿司のお供に

## ゴーヤ&レモン

［材　料　3〜4人分］
ゴーヤ　　　　中1本
レモン　　　　1個
氷砂糖　　　　大さじ3

［作り方］
1）ゴーヤは縦2つに切り、種を取り5mmくらいに切る

2）レモンは皮ごとスライスにし、ゴーヤ・氷砂糖と軽く混ぜ、氷砂糖が8割くらい溶けたらビンなどに移し、冷蔵庫で保存

〈メモ〉
　次の日からが食べごろです

## 椎茸昆布

［材　料　3〜4人分］
椎茸　　　　　2〜3枚
昆布　　　　　20〜30cm
てんさい糖　　大さじ2
しょう油　　　大さじ2〜3
水　　　　　　大さじ2〜3
水あめ　　　　大さじ1

［作り方］
1）椎茸・昆布は好みの大きさに切り、てんさい糖・しょう油を入れ水をかぶるくらい入れコトコト煮る

2）水気がなくなったら水あめを入れて照りを出す

3）冷めたら保存容器に入れる

〈メモ〉
　昆布はだしを取った後のものを使いました。

# ごぼうみそ

［材　料　3〜4人分］
ごぼう　　　　細め1本　　　味噌　　　大さじ1
てんさい糖　　大さじ1　　　植物油　　大さじ1
水　　　　　　適量

［作り方］
1）ささがきにしたごぼうを油でよく炒める（弱火）

2）ヒタヒタくらい水を入れ柔らかくなったら、てんさい糖・味噌を入れよくからませ、水分がなくなったらできあがり

# キムチの素

［材　料　約1kg分］

| | | | |
|---|---|---|---|
| 韓国とうがらしキムチ用 | | りんご | 2個 |
| | 500g | 梨 | 2個 |
| 人参 | 3本 | 昆布だし | 大さじ3 |
| きゅうり | 4本 | 塩 | ひとつかみ |

［作り方］
1) 人参ときゅうりは少し粗めの千切りにする
2) りんごと梨はすりおろす
3) 大きめのボウルに①と②を入れ、韓国とうがらしと塩を加えて混ぜる
※ とうがらしは汁気がなくなってまとまる位がよいので調整してください
4) このキムチの素をきゃべつ、大根、きゅうり、白菜など、好みの野菜を切って軽く塩揉みし、絞ってから和えればできあがり

〈メモ〉
1回分ずつ小分けに冷凍して、食べたい時に食べたい分だけ作ってください

## 人参のはっぱのふりかけ

［材 料　3〜4人分］
人参の葉　　　3本分位
すりゴマ　　　適量
塩　　　　　　小さじ1
昆布だし　　　小さじ1

［作り方］
1）人参の葉の固いところは除き、みじん切りにする

2）弱火でカラカラになるまで煎り、調味料とよく混ぜる

3）火を止め、すりごまを入れる

## ひじきのふりかけ

［材 料　3〜4人分］
ひじきの水煮（ドライパック）
　　　　　　　1缶
ゆかり小袋　　1袋
すりゴマ　　　適量
てんさい糖　　少々
塩　　　　　　少々

［作り方］
1）ひじきをフライパンでよく炒る（パラパラになるくらい）

2）残りの材料をすべて入れまぜれば、自家製のふりかけのできあがり

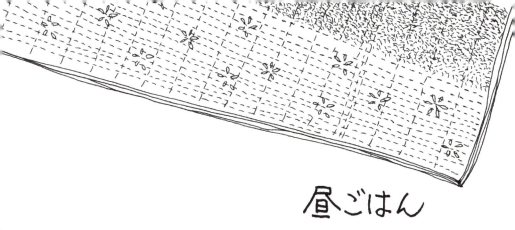

# 昼ごはん

# バターしょう油パスタ

［材　料　2人分］
スパゲッティ　　200g
バター　　　　　1〜2かけ
しょう油　　　　大さじ2〜3
塩　　　　　　　少々
大葉　　　　　　5枚
きざみ海苔　　　適宜
昆布だし　　　　少々

［作り方］
1）スパゲッティを茹でる

2）バターを溶かしたフライパンに茹でたスパゲッティを入れ、よくからめる。茹で汁も少し入れる

3）しょう油・塩・昆布だしで味をつけたら器に盛り、大葉・きざみ海苔をのせる

# 冷製とまとパスタ

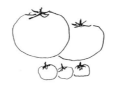

[材　料　2人分]
トマト　　　　　2〜3個
スパゲッティ　　200g
バジル　　　　　適宜
オリーブ油　　　大さじ1
塩　　　　　　　少々
コショウ　　　　少々

[作り方]
1) トマトは湯むきし一口大に切ってボウルを重ねたザルに入れる

2) ザルの上で種を取り出し、それ以外は別のボウルに入れておく

3) 種はザルの上に置き、手のひらで擦り付ける様にして種のまわりも
   キレイに取り、種は捨てる

4) 別のボウルに入れた②とザルの下にたまった汁③を合わせ、
   オリーブ油・塩・コショウで味を整える

5) バジルをみじん切りにし、④に入れる

6) スパゲッティを茹で冷水に取り、水気を切って④と和え器に盛り、
   ⑤をかけバジルを飾る

# しょう油ラーメン

[材料 1人分]

| | | | |
|---|---|---|---|
| ラーメンの麺 | 1人分 | 昆布だし | 小さじ1 |
| しょう油 | 大さじ2 | おろし生姜 | 小さじ1 |
| ごま油 | 大さじ1 | 塩 | 少々 |
| お湯 | 適量 | コショウ | 少々 |

[作り方]
1) どんぶりに麺以外の調味料を入れ計り入れ熱湯を注ぎ、茹で上がった麺を入れ好みの具をのせればできあがり（麺の量や味は好みで調整してください）

〈みそラーメン〉
　醤油・味噌・ごま油　　　　各大さじ1
　昆布だし・おろし生姜　　　小さじ1
　塩　　　　　　　　　　　　少々
　（ラー油　　　　　　　　　少々）
〈メモ〉
　豆乳大さじ3を入れれば、とんこつ風ラーメンにもなります

# さつまいものかき揚げ

[材　料　2人分]

| | | | |
|---|---|---|---|
| なす | ½個 | さつまいも | ⅓本 |
| いんげん | 2本 | 小麦粉 | ½カップ |
| 人参 | ⅓本 | 水 | 適量 |
| コーン | 大さじ1 | 植物油 | 適量 |

[作り方]

1）なすとさつまいもは1cmくらいのさいの目切り、いんげんは1cmくらいの小口切り、人参はなすより小さめのさいの目切りにする
野菜は洗って水気を拭き取ってから切りましょう

2）小麦粉を水で溶き、①を入れてよく混ぜる。コーンも入れる

3）スプーンですくい、形を整え170℃の油に滑り込ませ、ゆっくりと揚げる

4）だしを張ったうどんに高くのせて召し上がれ

# 豆腐でつくるカキフライ

［材　料　2人分］

| | | | |
|---|---|---|---|
| 絹豆腐 | ½丁 | シュレッドチーズ | 適量 |
| 海苔の佃煮 | 小さじ1 | 小麦粉 | 適量 |
| 青海苔 | 小さじ1 | 水 | 適量 |
| まいたけ | ¼パック | パン粉 | 適量 |
| 焼き海苔 | 2枚½ | 植物油 | 適量 |

［作り方］

1）豆腐は布巾などで包み、水気を切る

2）まいたけは粗いみじん切りにし、炒める

3）①と②と海苔の佃煮・青海苔を入れ混ぜる

4）4等分に切った焼き海苔に小さじ1ほどをのせ、中央にチーズを置いて包み、水溶き小麦粉・パン粉をつけ軽く握って揚げる

〈コツ〉
　包む時は濃いめに溶いた小麦粉でしっかり封をしてください。

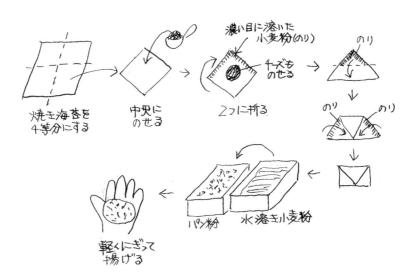

# アボカド丼

［材　料　2人分］

| | | | |
|---|---|---|---|
| アボカド | 小2個 | しょう油 | 大さじ2〜3 |
| トマト | 中1個 | わさび | 少々 |
| 大葉 | 3〜4枚 | オリーブ油 | 小1 |
| きざみ海苔 | 適宜 | ごはん | 2杯分 |

［作り方］

1) トマトを一口大に切り、オリーブオイルをかけておく

2) アボカドを5mmくらいの厚さにスライスし、わさびを溶いたしょう油にからめておく

3) どんぶりにごはんを盛り、きざみ海苔を一面に散らし、しょう油を回しかける

4) トマトとアボカドを盛り付け、千切りにした大葉をのせる

# 素揚げ丼

[材料　2人分]

| | | | |
|---|---|---|---|
| かぼちゃ | 2枚 | 蓮根 | 2cmくらい |
| なす | 1個 | 車麩 | 1枚 |
| おくら | 4本 | ごぼう | 15cmくらい |
| 人参 | 4〜5cm長さの½本 | 植物油 | 適量 |
| | | ごはん | 2杯分 |

〈タレ〉

| | |
|---|---|
| てんさい糖 | 大さじ2 |
| しょう油 | 大さじ2 |
| 水 | 大さじ2 |

[作り方]

1) 櫛形に切ったかぼちゃを2つに切り、合計4つにする

2) なすは縦4つ、人参は縦4つ、蓮根は4枚、車麩は水で戻し4つに、それぞれ切る。車麩は絞っておく

3) おくらは先を少し切るか、楊枝で穴をあける
（そのまま揚げるとバクハツすることがあるため）

4) タレの材料を全部入れて、ひと煮立ちさせる

5) 何もつけず①、②、③を揚げたら、タレをくぐらせ、ごはんを盛った丼に色よくのせ、ピーラーで薄く長く切って素揚げしたごぼうをのせる

〈メモ〉
野菜は素揚げするだけで、とてもおいしくなります。
季節の野菜を楽しんでください。

# 蒲焼き丼

［材　料　2人分］
じゃがいも　　　中3個
焼き海苔　　　　1と¼枚
粉さんしょう　　少々
さんしょうの葉　2枚
植物油　　　　　適量
ごはん　　　　　2杯分

〈タレ〉
てんさい糖　　　大さじ3
しょう油　　　　大さじ3
水　　　　　　　大さじ3

［作り方］
1）タレの材料を全部入れひと煮立ちさせる

2）じゃがいもは皮をむき、ザルの中におろし入れる。水が出るのでボウルで受ける

※ ジャガイモの水分を受けたボウルの上澄みを少し残して捨てると、水溶き片栗粉ができるので、これを小さじ1ほど入れタレにトロみをつける

3）焼き海苔1枚を8等分に切り、合計10枚にして②をスプーンでのせ、はじめは海苔を下にして油で揚げる

4）③を①のタレにつけ、ごはんを盛った丼に並べ、粉さんしょうをふり、さんしょうの葉を飾る

# 柿の豆腐ソース

［材　料　2人分］
柿　　　　1〜2個　　　塩　　　　　少々
絹豆腐　　½丁　　　　　昆布だし　　少々
　　　　　　　　　　　　すりゴマ（白）少々

［作り方］
1）絹豆腐を水切りし、しっかりと潰す

2）塩・昆布だし・すりゴマ（白）を①に入れ、よく混ぜ乱切りにした柿と和える

# なすみそノンオイル

［材　料　2人分］

| | | | |
|---|---|---|---|
| なす | 1個 | みそ | 大さじ1.5 |
| ピーマン | 1個 | 水 | 50ccくらい |
| てんさい糖 | 大さじ1.5 | | |

［作り方］

1）なすは5〜6mmの輪切り、ピーマンは2つに切って種をとり、3mmくらいに切る

2）鍋にピーマン・ナス・てんさい糖・水を入れ、フタをして中火にかける

3）火が通ったら味噌を入れてよくからめ、水分が程良くなったらできあがり

4）好みでごま油をふる

畑でごはん

# 巻き寿し

[材料　2人分]

| | | | | | |
|---|---|---|---|---|---|
| 卵 | 2個 | 人参 | 1本 | 焼き海苔 | 1枚 |
| てんさい糖 | 小さじ2 | 青菜 | 1〜2株 | ごはん | 1合分 |
| 塩 | 少々 | （キュウリでも可） | | すし酢 | 適量 |

[作り方]

1) 炊き上がったごはんにすし酢を和わせ、切るようにサックリと混ぜる

2) 卵を割りほぐし、てんさい糖と塩を入れよく混ぜ、卵焼きを作る（苦手な人はスクランブルでもなんでもOK）。冷めたら1cm弱の四角に切っておく

3) 人参は縦に1cm弱の角に切り、塩を少々入れて茹でる

4) 青菜は塩を少々入れさっと茹で、水に入れ冷まし、しっかりと絞っておく

5) まきす（なければ布巾でも可）に焼き海苔をのせ、①の酢飯を均等に広げ、具3種②・③・④を手前の方にのせる

6) 具を巻き込むようにクルッと巻き、最後まで巻き落ちついたら水で濡らした包丁で6等分に切る

# 桜いなり

［材　料　2人分］
油揚げ　　　　　2枚
桜花の塩漬け　　4つ
てんさい糖　　　大さじ1
しょう油　　　　大さじ1
水　　　　　　　大さじ1
ごはん　　　　　1合分
すし酢　　　　　適量

［作り方］
1）炊き上がったごはんにすし酢を和わせ、切るようにサックリと混ぜる

2）油揚げを3つに切り、両端の2つは袋に開き、中央は一緒に煮てから細く切って酢飯に混ぜる

3）3回茹でこぼし、てんさい糖・しょう油・水を各大さじ3で煮含める

4）②に酢飯を入れ、口は閉じずに桜花を飾る

# そぼろのお弁当

［材　料　1人分］
卵　　　　　　　1個
油揚げ　　　　　½枚
椎茸　　　　　　2〜3枚
人参　　　　　　3〜4cm
ミニトマト　　　½個
ほうれん草　　　少々
ごはん　　　　　お弁当箱分
てんさい糖　　　大さじ2
しょう油　　　　大さじ1
塩　　　　　　　少々


［作り方］
1）卵を割りほぐし、てんさい糖大さじ1を入れ湯煎にかけ、よくかき混ぜ80〜90％そぼろができたところで火を止める

2）油揚げと戻した椎茸はみじん切りにし、てんさい糖大さじ1、醤油大さじ1、水はヒタヒタに入れ、水気がなくなるまで弱火でしっかりと煮る

3）人参は千切りにし、塩茹でにして水気を切る

4）ほうれん草は、さっと茹でる

5）弁当箱にごはんを入れ①と②を敷き詰め、中央に人参・ほうれん草・ミニトマトで花を作る

はしで
くるくる

80〜90%
そぼろになったら
火を止める
しっとりしたそぼろ
になります

# おばあちゃんのちらし寿し

［材　料　4人分］

| | | | |
|---|---|---|---|
| 米 | 3合 | 卵 | 2個 |
| すし酢 | ½〜⅓カップ | かいわれ大根 | ⅓パック |
| 人参 | ½本 | しょう油 | 大さじ2 |
| こんにゃく | ½枚 | てんさい糖 | 大さじ2 |
| 油揚げ | 1枚 | 塩 | 少々 |
| 椎茸 | 3枚 | 昆布だし | 少々 |
| 蓮根 | 3〜4cmくらい | | |

［作り方］

1) 椎茸を水で戻す（戻した水は捨てないで！）

2) こんにゃくは塩茹でにしてアクを抜く

3) 人参・油揚げ・椎茸・こんにゃくを2cmくらいの細い短冊に切り、しょう油大さじ2・てんさい糖大さじ1・塩・昆布だし・椎茸の戻した水を入れて煮る

4) 蓮根は2〜4つ割りにしてスライスし、③の材料に火が通ったら入れて煮る

5) 卵を割りほぐし、てんさい糖大さじ1・塩で味をつけて薄焼き卵を焼き、冷めたら3〜5cmの細切りにする

6) 炊き上がったごはんにすし酢を和わせ、④を入れて切るように混ぜ、⑤とかいわれ大根を飾る

〈メモ〉
紅生姜、刻み海苔を飾るのもおすすめ

# おからボール

[材料 4人分]

| | |
|---|---|
| 生おから | 200g |
| じゃがいも | 200g位 |
| 昆布だし | 小さじ1 |
| 塩 | 少々 |
| コショウ | 少々 |
| 植物油 | 適量 |

〈タレ〉

| | |
|---|---|
| てんさい糖 | 大さじ3〜4 |
| しょう油 | 大さじ3〜4 |
| 水 | 大さじ3〜4 |
| 片栗粉 | 小さじ1〜2 |

[作り方]

1) じゃがいもをすりおろし、おから・昆布だし・塩・コショウとよく混ぜる

2) タレの材料を鍋に入れ、ひと煮立ちさせる

3) ①を20個くらいに丸め、そのまま油で色よく揚げる

4) ②のタレをかける

# スティックサラダ ソイディップ添え

［材料　4人分］

| | | | |
|---|---|---|---|
| 人参 | 1本 | オリーブ油 | 適宜 |
| 大根 | 10〜15cm | 塩 | 少々 |
| セロリ | 1〜2本 | コショウ | 少々 |
| 大豆の水煮缶 | 1缶 | | |

［作り方］
1）大豆の水煮缶をもう一度茹で、温かいうちに潰す。
　またはフードプロセッサーを使い滑らかにひく
2）オリーブ油・塩・コショウで好みの味にする
3）人参・大根・セロリを切り揃え①をつけていただく

〈メモ〉
　ソイディップは、パンにつけたりマヨネーズの代わりに使ってみてください。
　缶入りではなく、大豆を一晩かけて戻してから茹でるとさらに美味！

## フレッシュ ミントティー

［材　料　お好みで］
フレッシュミント　ひとつかみ
水　　　　　　　　適量

［作り方］
1) サーバーにひとつまみのミントを入れ、
　 かぶるくらいの水を入れ冷蔵庫へ

2) 冷たくなったら出来上がり

〈メモ〉
　 ミントの花を飾っておすすめします

# 白玉小豆のココナッツミルク添え

［材　料　4人分］
豆腐　　　　約50g　　　　あんこまたは茹で小豆　120g
白玉粉　　　60〜70g　　　ココナッツミルク　　　200cc

［作り方］
1）豆腐と白玉粉をよく混ぜ、耳たぶくらいの柔らかさになるように調整する

2）2cmくらいの大きさで20個に丸めて茹で、浮いてきたら2〜3分待って冷水に取る

3）器にあんこ、または茹で小豆と白玉を入れ、ココナッツミルクを注ぐ

〈コツ〉
　　耳たぶくらいって思っているより固いですよ
　　また、豆腐によって水分が色々なので白玉粉の量で調整してください

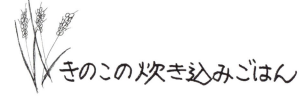

# きのこの炊き込みごはん

[材料　2人分]
米　　　　　　2合
しめじ　　　　1パック
油揚げ　　　　1枚
生椎茸　　　　2枚
しょう油　　　大さじ2
塩　　　　　　小さじ½〜1
昆布だし　　　少々

[作り方]
1）しめじは石付きを取り、手で2〜4つに割き、油揚げと生椎茸は細く切る

2）米を洗い①と調味料すべてを入れ炊く

〈メモ〉
　水加減は、いつもよりメモリの線の太さ分くらい控えめ

# 雲片汁

[材料　2人分]
残り物の野菜　　（人参の皮、大根の皮など）
昆布だし　　　小さじ1〜½
塩　　　　　　少々
しょう油　　　少々
水　　　　　　カップ2

[作り方]
1）野菜を1cm角のスライスにする

2）カップ2杯の水で①をコトコト、昆布だし・塩・コショウ・しょう油で好みの味にしてください（薄味が美味）

## かぼちゃの蒸しもの

[材　料　2人分]

| | |
|---|---|
| 坊ちゃんかぼちゃ | 1個 |
| 絹豆腐 | ⅓〜½丁 |
| 椎茸 | 1〜2 |
| 人参 | 2cmくらい |
| てんさい糖 | 大さじ1 |
| しょう油 | 大さじ1 |
| 片栗粉 | 適量 |

〈あんかけ用〉

| | |
|---|---|
| 水 | ½カップ |
| しょう油 | 大さじ1 |
| てんさい糖 | 大さじ1 |
| 塩 | 少々 |
| 昆布だし | 少々 |
| 片栗粉 | 小さじ1 |

[作り方]

1）椎茸と人参はみじん切りにし、椎茸の戻し汁とてんさい糖・しょう油で煮る（汁気は飛ばす）椎茸の戻し汁はヒタヒタくらい

2）水気を絞った豆腐をよくつぶし①を入れてよく混ぜる

3）中をくり抜いたかぼちゃに軽く片栗粉をふり②をしっかり詰め、フタになる部分も一緒に蒸す
竹串がスーッと通ればOK

4）あんかけ用の材料をひと煮立ちさせ、③にかける

## ひよこ豆と切り干し大根のごまびたし

［材料　2人分］
ひよこ豆の水煮缶　1缶
切り干し大根　　　1袋
しょう油　　　　　大さじ2
てんさい糖　　　　大さじ2
白すりゴマ　　　　大さじ2
ごま油　　　　　　小さじ1

［作り方］
1) 切り干し大根はゆっくり戻し3〜5cmに切り、絞る
2) すべての材料を合わせるビンなどに入れ、冷蔵庫で1週間くらいなら保存可能

〈メモ〉
切り干し大根は戻しても固いものがあるので、その時は少し茹でてから使ってください。茹で汁はとってもおいしいダシが出るので、ぜひスープや味噌汁に使ってくださいね。

## 小松菜のからし和え

［材料　2人分］
小松菜　　　　　½束
しょう油　　　　大さじ1〜2
からし　　　　　小さじ1

［作り方］
1) 小松菜を茹で、水に取って食べやすい大きさに切り、絞る
2) しょう油とからしを和え、①と和える

〈メモ〉
春は菜の花がおすすめです

# たけのこごはん

［材　料　2人分］

| | | | |
|---|---|---|---|
| 米 | 2合 | てんさい糖 | 大さじ1.5 |
| たけのこ | 1カップくらい | しょう油 | 大さじ1 |
| 油揚げ | 1枚 | 塩 | 少々 |
| 昆布だし | 小さじ1 | | |

［作り方］

1) たけのこは薄くスライス、油揚げは縦2つに切って5mmくらいに切る

2) ①に昆布だし・てんさい糖・醤油・塩を加えて火にかけ、汁気がなくなるまで炒り煮る

3) 洗った米に②を入れ、炊く（水はいつも通り）

## ごぼうのメンチ

[材料　2人分]
ごぼう（小）　　　2本
厚揚げ　　　　　　½枚
塩　　　　　　　　少々
コショウ　　　　　少々
昆布だし　　　　　少々
パン粉、小麦粉、植物油

[作り方]
1）ごぼうはみじん切りに、厚揚げは少し粘り気が出るくらいまでつぶす
　　フードプロセッサーを使うと簡単です
2）②に塩・コショウ・昆布だしを混ぜ、4〜6個に丸め、平たくする
3）水溶き小麦粉をくぐらせ、パン粉をつけてゆっくりと揚げる

## もずくのスープ

[材料　2人分]
もずく　　　　　　大さじ1
昆布だし　　　　　少々
塩　　　　　　　　少々
しょう油　　　　　少々
水　　　　　　　　カップ2

[作り方]
1）カップ2杯の水に昆布だし・塩・もずくを入れ、煮立ったらしょう油を入れて火を止める

〈メモ〉
　もずくは味のないもの、塩漬けのもの、パックに入った味付きのものなどあります。ここでは味をつけていない生のものを使っています。塩漬けのものはしっかり塩抜きをしてから使いましょう

## ピーマンのごま和え

[材料　2人分]
ピーマン　　　　　2個
てんさい糖　　　　大さじ1
しょう油　　　　　大さじ1
すりゴマ（白）　　大さじ1
塩　　　　　　　　少々

[作り方]
1）ピーマンは種を取り、粗い千切りにし塩茹でする
2）てんさい糖・しょう油・すりゴマ（白）を混ぜ、水気を切った①と和える

## 大根の甘酢漬け

[材料　2人分]
大根　　　　　　　2〜3cm
すし酢　　　　　　大さじ2

[作り方]
1）大根を拍子切りにし、すし酢に1日漬ければできあがり

# お麩じゃが

[材料　2人分]
車麩　　　　　1枚
じゃがいも　　中3個
てんさい糖　　大さじ1.5〜2
しょう油　　　大さじ1.5〜2
昆布だし　　　小さじ1
塩　　　　　　少々
水　　　　　　1カップ
植物油　　　　適量

[作り方]
1) 水で戻した車麩を6つに切って手のひらで挟んでギュッと絞り、そのままからりと揚げておく

2) じゃがいもを4つに切り、てんさい糖・しょう油・昆布だし・塩を入れヒタヒタに水を入れて煮る

3) じゃがいもが柔らかくなったら①の車麩を入れて木ベラで混ぜ、フタをして30秒でできあがり

〈コツ〉
しらたきを入れる時は、じゃがいもの下に敷き、水は控えめにしましょう

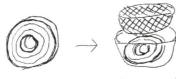
水でもどす
浮くのでザルをのせると良いです

両手ではさんでしぼる

→  そのまま素揚げ

→  煮えたじゃがいもの中へ入れ混ぜフタをして30秒

# 季節のがんも

[材　料　2人分]

| | | | |
|---|---|---|---|
| 木綿豆腐 | 1丁 | 塩 | 少々 |
| 大和芋 | 30g | 昆布だし | 少々 |
| 蓮根 | 2cm | 植物油 | 適量 |
| しょう油 | 少々 | | |

[作り方]

1) しっかりと水を切った豆腐と、すりおろした大和芋、しょう油、塩、昆布だしを滑らかになるまで混ぜる

2) 4等分にして丸く平らにしてスライスした蓮根を貼り付けて油で揚げる

〈コツ〉

　天ぷら、コロッケ、がんも、揚げ出し豆腐など、揚げ物が苦手な人はいませんか？
　きっと油に入れたら、すぐにあっちこっち触っていると思います。
　少しの間じっと見ていてくださいね。まわりが少し色付いてきたら、そっと触ってみてカリッと固くなっていたらひっくり返す。
　これでOK。きっと揚げ物上手になります。

# 車麩のアーモンドフライ

［材　料　2人分］
車麩　　　　　　2枚
アーモンドスライス 適量
小麦粉　　　　　½カップくらい
塩　　　　　　　少々
コショウ　　　　少々
植物油　　　　　適量

［作り方］
1）水で戻した車麩を両手ではさんで絞り、塩・コショウをする

2）水溶き小麦粉をくぐらせ、アーモンドスライスを付け揚げる

3）少し焦げ目が付くくらいこんがり揚げる

# 精進えびちり

[材　料　2〜3人分]

| | | | |
|---|---|---|---|
| おからこんにゃく | 1枚 | 片栗粉 | 大さじ3 |
| 昆布だし | 適量 | 植物油 | 適量 |

〈ソース〉

| | | | |
|---|---|---|---|
| 水 | 100ml | 生姜 | ひとかけ(すりおろす) |
| 昆布だし | 小さじ1〜2 | 豆板醤 | 小さじ1 |
| ケチャプ | 大さじ3〜4 | 塩 | 少々 |
| てんさい糖 | 大さじ1〜2 | コショウ | 少々 |
| 酢 | 大さじ1 | 片栗粉 | 少々 |

[作り方]

1) おからこんにゃくをスプーンで一口大にこそぎ切り
   昆布だしを揉み込む

2) 片栗粉をまぶし、油で揚げる

3) ソースの材料を鍋に入れ火にかけ、フツフツしてきたら
   ②を入れ、トロミが出たらできあがり

おからこんにゃく
　こんにゃく芋とおからで作られたもので、油をほとんど
　吸収しないのでいたってヘルシーです。
　自然食品の店で手に入れることが出来ますが近頃は
　スーパーマーケットにも置いてあるところが増えています。
　焼肉風にしたり、照り焼きバーガーにしてもおいしいです。

# なすの揚げびたし

［材　料　2人分］

| | | | |
|---|---|---|---|
| 小さいなす | 4個 | 昆布だし | 少々 |
| 水 | ½カップ | 塩 | 少々 |
| しょう油 | 大さじ2 | 植物油 | 適量 |
| てんさい糖 | 大さじ1 | 大根おろし | 適量 |

［作り方］

1) なすのヘタは取らずに、ヒラヒラしたところを切りそろえ水分をよく拭き取る

2) 縦方向、少し斜めに切れ目を入れ、油でゆっくりと揚げる

3) 水・しょう油・てんさい糖・昆布だし・塩を鍋に入れてひと煮立ちさせ、火を止め②を浸す(味はそばつゆより少し濃い目です)

4) 冷めたら斜めの切れ目を入れた方向になすをひねり、器に入れダシつゆをはり、大根おろしまたは生姜のすりおろしを添える

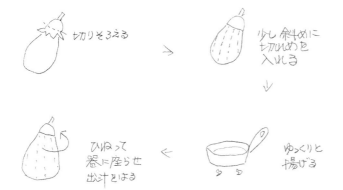

# 揚げ出し豆腐の みぞれがけ

［材　料　2人分］

| | |
|---|---|
| 木綿豆腐 | 1丁 |
| 大根 | 5cmくらい |
| しょう油 | 大さじ1 |
| 塩 | 少々 |
| 昆布だし | 少々 |
| てんさい糖 | 少々 |
| 片栗粉 | 適宜 |
| 植物油 | 適量 |
| 水 | ½カップ |

［作り方］

1) しっかり水を切った木綿豆腐を6つに切り片栗粉をまぶし、表面がカリッとし、こんがりと色が付くまで揚げる

2) しょう油・塩・昆布だし・てんさい糖・水½カップを煮立たせ、おろした大根を入れ器に盛った①にたっぷりかける

よく水を切った豆腐を6つに切る

片栗粉をまぶし揚げる

大根おろしに調味料を入れひと煮立ち

## みんなが集る日のごはん

# ベジフィッシュバーガー

[材料 4人分]
バーガー用のパン(小さめ) 8個
生おから 200g
じゃがいも 3〜4個(おからと同量)
焼き海苔 2枚
レタス 4枚
昆布だし 少々
塩 少々
コショウ 少々
水、パン粉、小麦粉、植物油 適量

[作り方]

1) じゃがいもは皮をむいてすりおろし、生おから・昆布だし・塩・コショウとよく混ぜる

2) まきすに焼き海苔を1枚のせ、その上に①を広げて太巻き寿司を巻くように巻き、ラップで巻いて蒸かす(中火で20分くらい)

3) 火が通ったら取り出して冷ます。手で触れるようになったらラップを取り、焼き海苔の上から更にもう1枚巻き1cmくらいの厚さに切り、水溶き小麦粉、パン粉をつけて揚げ、ベジソースにからめておく

4) パンにレタス、③の上にタルタルソースをのせてはさむ

〈タルタルソース〉
卵3個を固茹でにし、みじん切りにするマヨネーズとみじん切りパセリと合わせ、塩・コショウで味を整える

# ロールサラダ

［材　料　4人分］
ライスペーパー　4枚　　　レタス　　　　2枚
人参　　　　　½本　　　　マヨネーズ　　大さじ3〜4
きゅうり　　　½本　　　　コチュジャン　大さじ3〜4

［作り方］
1）人参ときゅうりは千切り、とくに人参はできるだけ細く切る

2）レタスは1枚を4つくらいにちぎる

3）軽く絞った布巾の上に水にくぐらせたライスペーパーを置き、レタス、人参、きゅうりをのせ、キュッと巻く

4）食べやすく2つに切り、コチュジャンとマヨネーズを合わせたソースをつけていただく

〈コツ〉
初めのひと巻きをしっかり巻くと切った時にキレイです

## 乾燥グルテンでおいしく作る
# からあげ

[材　料　4人分]

| | | | |
|---|---|---|---|
| 乾燥グルテン | 200g | 昆布だし | 小さじ1〜2 |
| 根生姜 | ひとかけ | 片栗粉 | 大さじ3〜4 |
| しょう油 | 50〜60cc | 植物油 | 適量 |
| 塩 | 少々 | | |

[作り方]

1) グルテンをたっぷりの水で戻す
（1〜2時間以上）
手で押した時、芯まで柔らかければOKです

2) ①を3〜4回水を替えて押し洗いをし、両手で挟んで絞り、ポリ袋に入れる

3) 根生姜をおろしたもの、醤油、塩、昆布だしを②に入れ揉み込む
（できれば冷蔵庫で一晩寝かせる）
少なくとも30分は待ちましょう

4) ③に片栗粉を入れ、袋の口を握って振り混ぜる。
180℃の油でカラリと揚げる

## 手作りジンジャエール

[材料 4人分]
生姜　　　　　ひとかけ
てんさい糖　　20g
炭酸水　　　　500cc

[作り方]
1) おろした生姜とてんさい糖を鍋に入れ、火にかける

2) てんさい糖が溶けたら火を止め、冷めたら冷蔵庫で3日間保存する

3) 茶こしなどで漉し、炭酸を注ぐ

## 豆腐のくちゅくちゅ和え

[材料 4人分]
ブロッコリー　　小1個
人参　　　　　　1/3本
豆腐　　　　　　1/2丁
塩　　　　　　　小さじ1
オリーブ油　　　大さじ2

[作り方]
1) ブロッコリーはひと口大の小房に分け、芯は皮をむきひと口大に切る

2) 人参は薄くスライスし、①のブロッコリーと一緒に茹で、軽く塩を振る

3) ボウルに①と②を入れ、豆腐を手でくちゅくちゅと潰し、塩とオリーブ油を回し入れ軽く和える

# バーベキューベジ

［材　料　4人分］

かぶ…3個　　　　　こんにゃく…½枚
厚揚げ…1枚　　　　塩…適宜
かぼちゃ…⅙くらい　油…適量
パプリカ…1個　　　竹串

［作り方］
1) 材料はすべて竹串に刺しやすい大きさに切る

2) フライパンに多めに油をひき、材料を焼き、塩をふる

3) 彩りよく竹串に刺す

# ソイ・ナッツ・バー

［材　料　4人分（16本文）］

| | | | |
|---|---|---|---|
| 生おから | 200g | てんさい糖 | 60g |
| 玄米粉 | 40g | レーズン | 大さじ2 |
| 米粉 | 30g | クルミ | 大さじ2〜3 |
| バター | 50g | アーモンド | 大さじ2 |
| | | ピスタチオ | 大さじ2 |

〈メモ〉すり切りではなく山で計ってください

［作り方］

1) バターを湯せんし柔らかくして、てんさい糖とよく混ぜる

2) 生おから、玄米粉、米粉を①に入れ混ぜる

3) 半分に切ったレーズン、粗く砕いたクルミ、アーモンド、ピスタチオを②に入れる

4) 手を使ってよく混ぜる
   （まとまらない時はサラダオイルを少し入れると良い）

5) 鉄板にオーブンシートを敷き、②を1cmくらいの厚さに伸ばし、180℃で20〜25分焼く

6) 一度出し、16本くらいに切り、切り口を上にして180℃で3〜5分焼く

にぎり寿司

# にぎり寿司

［材　料　4人分］

| | | | |
|---|---|---|---|
| 生椎茸 | 2個 | わさび | 適宜 |
| パプリカ(オレンジ) | 1個 | てんさい糖 | 大さじ4 |
| 卵 | 4個 | しょう油 | 小さじ1 |
| ココアップ | 4枚 | 塩 | 少々 |
| じゃがいも | 大1個 | 植物油 | 適量 |
| 焼海苔 | ½枚 | 米 | 2合 |
| 大葉 | 小4枚 | すし酢 | 50cc |
| 生姜 | 2かけ | | |

〈蒲焼のタレ〉　P52を参照

［作り方］

1) 生椎茸は斜めに2つに切り、ホイルの上にのせオーブントースターで7〜8分焼き、しょう油を1〜2滴ふりかけておく

2) 卵を割りほぐし、てんさい糖・塩を入れ、よく混ぜ厚焼き卵を作る。冷めたら8枚に切っておく

3) パプリカは真っ黒くなるくらい直火で焼き、冷水に取って皮をむく。縦に8つに切って、一晩おく

4) 米を洗い、ちょっと少なめの水で炊き、すし酢を混ぜ酢飯を作る

5) にぎれる程に冷めたら28個に分け、それぞれをのせてにぎる

〈メモ〉

椎茸はおろし生姜をひとつまみ、パプリカは好みでわさびをはさむ。ココアップはナタデココで作られたイカもどきで市販されています。大葉とわさびをはさんでいただきます

# ライスケーキ

[材料　4人分]

| | |
|---|---|
| 米 | 3合 |
| 生おから | 200g |
| 椎茸 | 3〜4枚 |
| ごぼう | ½本 |
| 人参 | 1本 |
| かぼちゃ | ¼個 |
| プリーツレタス | 2〜3枚 |
| てんさい糖 | 大さじ4 |
| しょう油 | 大さじ2 |
| ターメリック | 少々 |
| 塩 | 少々 |
| 水 | 大さじ2 |

[作り方]

1) ごはんを炊く
2) 水でもどした椎茸とごぼうをみじん切りにし、てんさい糖・しょう油・水各大さじ2で甘辛く、汁気がなくなるまで煮る
3) おからをフライパンに入れ、よく炒る（弱火）。甘味はてんさい糖（大さじ2）、色はターメリックで付けて炒り卵みたいにする
4) 人参とかぼちゃは好みの形に切り、塩ゆでにしておく
5) ケーキ型に③を入れ、ごはん→②→ごはんの順に入れラップをし軽く押す
6) 大きめの皿に⑤を型から出し、④を周りに、プリーツレタスを中央に飾る

お正月

# 伊達巻き

[材料　4〜5人分]

| | |
|---|---|
| 卵 | 5個 |
| 木綿豆腐 | ⅔丁（220g位） |
| てんさい糖 | 100g |
| 塩 | 少々 |
| 昆布だし | 少々 |

[作り方]

1) すべての材料をフードプロセッサーに入れて滑らかになるまで混ぜる

材料をみんな入れてスイッチ ON

2) 天板にクッキングシートを敷き、①を流し入れる

天板にクッキングシートをひき流し込む

3) 温めておいたオーブンに入れ180℃で20〜30分焼く
表面にしっかり焼き色をつける

オーブンへ
180℃ 20〜30分

4) 巻き簾に焼き色がついた面を上にして置き、包丁で軽く切れ目を数本入れ巻く

5) 巻き終わったら両端を輪ゴムでしっかり止め、そのまま冷やす

6) しっかり冷えたら切る

〈メモ〉
　水分の多い豆腐は水切りをしてから使ってください

色の濃い方を上に
思い切って巻いてネ
あれば おに簾

# 七色なます

[材料　4人分]

| | |
|---|---|
| 大根 | 5〜6cm |
| 人参（あれば京人参） | 5〜6cm |
| きゅうり | 1本 |
| こんにゃく | 1/3〜1/4 |
| きくらげ | ひとひら |
| 菊（黄・紫） | 各1パック |
| 柚子の皮 | ひとむき分くらい |
| すし酢 | 適量 |
| 塩 | 適量 |

[作り方]

1) 大根、人参は皮をむいて千切りに、きゅうりも千切りにし、それぞれ軽く塩をふっておく

2) こんにゃくは千切りにし、塩茹でしてザルにあけ冷ましておく

3) きくらげは水で戻し、湯通しして千切りにする

4) 菊は花びらをむしり、さっと茹で冷ましておく

5) ①をしぼり、すべての材料をすし酢で合わせる

# 錦たまご

[材　料　4人分]
卵…5〜6個　　　　　　塩…少々
砂糖…大さじ2〜3

[作り方]
1) 卵を固茹でにする

2) ①を黄味と白味に分け、それぞれ裏ごしにする

3) それぞれに砂糖と塩で味をつけ、流し箱に黄味・白味の順に平らに入れて押す

4) 冷めたら(しっかり)出して切り分ける

# 昆布巻き

［材　料　4人分］

| | | | |
|---|---|---|---|
| ごぼう | 2本 | 昆布だし（あれば椎茸だしも） | |
| 日高昆布 | 5〜6枚 | しょう油 | 大さじ1 |
| かんぴょう | 適量 | てんさい糖 | 大さじ1 |
| 水 | 適量 | 椎茸のもどし汁 | 適量 |

［作り方］

1) 昆布は湿らせてから十分に広げ半分に切る

2) ごぼうは昆布合わせ長さを揃え、ダシで8割くらい煮る

3) 太いごぼうは1本、細いのは3本くらいにして昆布で巻き、かんぴょうで2〜3箇所を結ぶ

4) 鍋に③を並べ、ヒタヒタの水で煮る

5) 昆布が柔らかくなったら味をみて昆布だし・しょう油・てんさい糖で味を整え煮含め2〜3に切る

# 松風焼き

[材　料　5〜6人分]

| | |
|---|---|
| 絹豆腐 | 120g |
| グルテンバーガー | 50g |
| 乾燥グルテンミンチタイプ | |
| | 30g |
| 味噌(あれば白味噌) | |
| | 70g |
| きな粉 | 大さじ2 |
| 薄力粉 | 大さじ2 |
| パン粉 | 1カップ |
| ごま油 | 小さじ1 |
| 人参 | 3cmくらい |
| ケシの実(なければ白ごま) | |
| | 適宜 |
| てんさい糖 | 少々 |

[作り方]

1) ケシの実以外の材料をボウルに入れ、よく混ぜる

2) フライパン(小さめ)にクッキングシートを敷き、薄くごま油を塗り①を敷き詰める
中央に湯のみなどを置き、輪にする

3) 表面にケシの実(または白ごま)をふり、中火で1分、弱火で20〜25分フタをして焼く
竹串を刺して生地がついてこなければOK

4) 粗熱が取れたら12に切り分け7〜8cmの竹串を刺す

# ごぼうの田作り

[材料　4人分]

| | | | |
|---|---|---|---|
| ごぼう | 1～2本 | てんさい糖 | 大さじ2～3 |
| クルミ | 50g | 水 | 大さじ1～2 |
| アーモンド | 50g | 塩 | 少々 |
| しょう油 | 大さじ2～3 | 植物油 | 適量 |
| | | 片栗粉 | 小さじ1 |

[作り方]

1) クルミとアーモンドは細かくきざんで、弱火でゆっくりと炒る

2) ごぼうは3cm長さの3～5mm太さに切り(田作りの小魚くらいの大きさ)素揚げにする

3) しょう油、てんさい糖、水、片栗粉を鍋に入れ、煮立たせ甘辛らタレを作る

4) ①、②、③を絡め合わせる

# 信田巻き

［材　料　4人分］

| | | | |
|---|---|---|---|
| 油揚げ | 2枚 | しょう油 | 大さじ1 |
| 人参 | 1本 | 塩 | 少々 |
| 大根 | 12～13cm | てんさい糖 | 大さじ1～1.5 |
| かんぴょう | 適量 | 昆布だし | 適量 |

［作り方］

1) かんぴょうは洗って塩を振って揉み、洗い流す

2) 油揚げは三方を切り、開き熱湯をかけ、軽くしぼっておく

3) 人参と大根は油揚げの長さに切り揃え、太さは1cm弱の四角にする

4) ③を2本づつ市松にし、油揚げで巻きかんぴょうで3箇所を結ぶ

5) 鍋にしょう油・てんさい糖・昆布だし・塩を入れ弱火～中火で煮含める

6) 1本を3つに切り、器に盛りつける

# 築前煮

[材　料　4人分]

| | | | |
|---|---|---|---|
| ごぼう | 1本 | しょう油 | 大さじ2〜3 |
| 人参 | 1本 | てんさい糖 | 大さじ2 |
| こんにゃく | 1枚 | 昆布だし | 少々 |
| 水煮たけのこ | 1袋 | 油 | 小さじ1 |
| 蓮根 | 1節 | 塩 | 少々 |
| 椎茸 | 3〜4枚 | | |

[作り方]

1) ごぼうと人参、水煮たけのこ、蓮根は乱切りにし、こんにゃくは両面に包丁目を入れてサイコロ状に切り、塩茹でにしておく
   椎茸は小さければそのまま、大きければ½、¼に切る

2) 鍋に油をひき、①で準備した材料をさっと炒め、ヒタヒタの水を入れ、柔らかくなったら、てんさい糖、しょう油、昆布だしで味をつけて煮含める

〈メモ〉
　人参は梅の花型で抜いたり、小さめの蓮根を穴に添って切り落としたり、菜の花やきぬさやの緑を飾ると、グッとお正月らしくなります

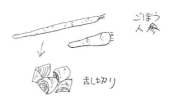
ごぼう　人参
乱切り

水煮たけのこ　蓮根

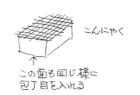
こんにゃく
この面も同じ様に包丁目を入れる

サイコロ状に切る

# 雑煮

[材料　4人分]

| | | | |
|---|---|---|---|
| 餅 | 4または8個 | 青菜 | 2〜3株 |
| 大根 | 3〜4cm | しょう油 | 大さじ2〜3 |
| 人参 | ⅓本 | てんさい糖 | 大さじ1〜2 |
| 里いも | 2個 | 昆布だし | 小さじ1 |
| ごぼう | ½本 | 塩 | 少々 |

[作り方]

1) 大根は拍子切り、里いもは5mmくらいの厚さに、ごぼうと人参は笹掻きにする

2) 青菜はサッと茹で、3cmくらいに切っておく

3) 切った里いもは塩を少し入れ、ひと煮立ちさせザルにとっておく

4) カップ4杯の水を鍋に入れ、ごぼうと人参を入れて火が通ったら調味料を入れ味を見る

5) 大根、里いもを入れ1〜2分したら餅を入れ、餅が柔らかくなったら青菜を入れて取り分ける

〈メモ〉
　これは子供の頃に食べた、母の雑煮です

# 調味料

〈しょう油、砂糖、塩、味噌、油〉

- しょう油は大豆、塩、糀、小麦で作られたのもを使っています。
- 砂糖はてんさい糖を使っていますが、豆を煮る時やあんこを作る時などは、濃い甘みが欲しいので黒糖と合わせます。好みのものを使ってください。
- 塩は海水から取れたものを使っています。四方を海に囲まれた日本では昔から海水を天日で干したり、釜で煮詰めたりして塩を得てきました。
- 味噌は大豆、塩、糀で作られたものを使っています。私たちが使用しているのは自家製で、塩は控えめの味噌です。
- 油はサラダ油、菜種油、ごま油、オリーブ油、グレープシード油などの植物油を使っています。

材料、食材はもちろんですが、調味料は製品によって塩分や甘味、辛味などが大きく変わります。
また、調理器具などによっても、その味に差が出ます。
ガスで焼くより炭火で焼いた方がおいしいと思ったことがありませんか。
このレシピは、あくまでも目安と考えてください。
濃い味が好き、薄い味が好きなど、好みもさまざまです。
作っていく道のりで、また回を重ねることでみなさまに調整していただければうれしいです。

# あとがき

この本作りは、友人でありカメラマンである和貴ちゃんからの、
「レシピ本に興味ありますか?」という声掛けで始まりました。
いつかレシピ本を出したいね。
手書きでコピーして閉じて……そんな、手作りでもいいから形にしたいね、
なんて話していました。
もちろん、ふたつ返事で引き受けました。

「おばあちゃんの精進ごはん」
普段着の本にしたくて、こんなタイトルにしました。
レシピをチェックしたり、どんな内容にするのか、どんな写真にするのか、
3人で時間が経つのも忘れて話したり、少しずつ形を作っていきました。
いつもの料理会では、みんなで作って食べて、おしゃべりを楽しみますが、
今日は二人でひたすら作る。
そして、一つひとつ写真に撮っていく。
7年間のレシピがまとまっていく。
3人の息がピタッと合い、いい本ができると感じました。
そして今、続けて来てよかったとしみじみ感じました。

この本を作ることになり、アドバイスをいただいた方、
撮影のための器や小物を貸してくださった方、応援してくださった方、
たくさんの方々ありがとうございました。
本当に感謝しています。
これからも一人でもたくさんの人に一食でも多く作って食べていただけるよう、
がんばっていきます。

iori　暁美と五月

著者
: iori 曉美と五月（いおり あけみとさつき）

    園部曉美　神奈川県海老名市在住
    中園五月　神奈川県茅ヶ崎市在住
    東京都北多摩郡狛江町（現・狛江市）に7人兄弟の長女・次女として生まれる
1997年　精進料理生活を始める
2008年　みんなで作って食べる「精進料理の会」をスタートさせる
2013年　茅ヶ崎市に活動の中心を移す。リベンデルの納屋キッチンで現在活動中

撮影
: 濱津和貴（はまつわき）
    東京都在住のカメラマン。高知育ち。
    20代の半分以上をサンフランシスコで過ごし、
    2009年に帰国後、都内スタジオに勤務、
    2012年独立。旅、食、暮らしをメインに撮り続ける。

撮影場所
: 茅ヶ崎市矢畑　Green Community & Event Studio　RIVENDEL
    オーナーのご好意で全面的にバックアップしていただきました。

食材提供
: 狛江市岩戸南　パンやさん　cou cou
    私たちの大好きなパン屋さんです
    今回はたってのお願いでパンを焼いていただきました

デザイン
: 山本弥生／寺島香苗

イラスト
: 熊澤愛美／園部曉美

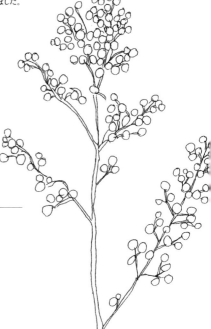

## おばあちゃんの精進ごはん

2015年2月11日　初版・第1刷発行
2022年4月11日　　　　　　第5刷発行

発 行 者　山下有子

発　　行　有限会社マイルスタッフ
　　　　　〒420-0865
　　　　　静岡県静岡市葵区東草深町22-5 2F
　　　　　TEL：054-248-4202

印刷・製本　中央精版印刷株式会社

発　　売　株式会社インプレス
　　　　　〒101-0051
　　　　　東京都千代田区神田神保町一丁目105番地

■乱丁本・落丁本などの問い合わせ先
インプレス　カスタマーセンター
FAX：03-6837-5023　service@impress.co.jp
乱丁本、落丁本はお手数ですがインプレスカスタマーセンターまでお送りください。
送料弊社負担にてお取り替えさせていただきます。
但し、古書店で購入されたものについてはお取り替えできません。

©MILESTAFF 2015 Printed in Japan ISBN978-4-8443-7670-5　C2077
本誌記事の無断転載・複写（コピー）を禁じます。